# Inhalt

**Kommunikationstechnik - Chancen in der Vernetzung, Probleme mit der Sicherheit**

Kernthesen

Beitrag

Fallbeispiele

Zahlen und Fakten

Weiterführende Literatur

Impressum

GENIOS BranchenWissen Nr. 07 vom 07.07.2011

# Kommunikationstechnik - Chancen in der Vernetzung, Probleme mit der Sicherheit

*I.Zeilhofer-Ficker*

## Kernthesen

- Der Markt für Telekommunikation ist weitgehend gesättigt
- Rund 70 Prozent der privaten Haushalte verfügen über einen Zugang zum Internet.
- Die Umsatzerwartungen für Telekommunikationstechnologie für die nächsten Jahre sind daher lediglich stabil bei etwas über 64 Milliarden Euro pro Jahr.
- Wachstumschancen bieten aber die Kommunikation von Maschinen und Geräten untereinander, das Internet der

Dinge sowie der Vernetzung von Unterhaltungs- und Hausgeräten mit PC und Internet.
- Größtes Problem der modernen Kommunikationstechnik bleibt allerdings die (mangelhafte) Sicherheit.

# Beitrag

# Märkte und Zahlen

# Telefonie

Der Markt für Telekommunikationsgeräte ist ein weitgehend gesättigter. So wird denn auch in den kommenden Jahren in Deutschland nur ein in etwa gleich bleibender Umsatz von rund 64 Milliarden Euro für Telekommunikationstechnologie prognostiziert. 85 Prozent aller Haushalte verfügen über einen Festnetzanschluss, die Zahlen sinken aber. Denn das Mobiltelefon hat den normalen Anschluss mittlerweile überholt - in Europa gibt es pro 100 Einwohner bereits 128 Handyabonnements und fast alle Deutschen nutzen ein Mobiltelefon, um mit Familie, Freunden und Geschäftspartnern in Kontakt zu bleiben. 85 Prozent des Telefonumsatzes wird durch mobiles Telefonieren erwirtschaftet. (1), [Abb. 1], [Abb. 2]

Innerhalb des Telefonmarktes ist es aber alles andere als ruhig: Das Smartphone erkämpft sich immer größere Umsatzanteile. Wurden 2009 in Deutschland 5,4 Millionen Stück verkauft, so sollen es in 2011 bereits 10,1 Millionen Smartphones mit einem Umsatz von 2,1 Milliarden Euro werden. Und auch das Telefonieren über das Internet - Stichwort skypen - wird immer beliebter. Waren 2008 weltweit erst 325 Millionen Skype-Nutzer registriert, so hatte sich dieser Wert mit über 663 Millionen Registrierten im Jahr 2010 schon mehr als verdoppelt. Zahlende Skype-Nutzer gibt es weltweit aber erst 8,8 Millionen, zu wenige für ein profitables Arbeiten. Skype muss deshalb immer noch mit Verlusten klar kommen. Die Videotelefonie, unter anderen auch eines der Skype-Angebote, wird in Deutschland von rund sieben Millionen Menschen regelmäßig genutzt - Tendenz steigend. (2), (3), [Abb. 2]

Derweilen kämpfen die Handy-Hersteller untereinander mit immer wieder neuen Spielereien und Funktionen um Marktanteile. Dominierte im Jahr 2008 noch Nokia mit seinem Symbian-Betriebssystem den Mobiltelefon-Markt mit einem Anteil von rund 52 Prozent, schrumpfte ihr Anteil bis 2010 auf nur noch

37 Prozent. Dagegen konnte Apples iOS seinen Anteil von rund acht Prozent in 2008 auf fast 16 Prozent 2010 nahezu verdoppeln. Noch erfolgreicher war Google mit dem Android-System. Hier erhöhte sich der Marktanteil von einem halben Prozent in 2008 auf über 22 Prozent in 2010. (4)

## Netzausbau

Mehr Wachstumspotenzial steckt in der flächendeckenden Vernetzung der deutschen Haushalte mit Hochgeschwindigkeitsanschlüssen. Zwar sind mittlerweile 98,5 Prozent aller Deutschen mit Leitungen von 1 Mbit/s Leistung angeschlossen, vom strategischen Ziel der Bundesregierung 75 Prozent aller Haushalte bis zum Jahr 2014 mit 50 Mbit/s zu versorgen, ist man aber noch sehr weit entfernt. Daran ändert auch die Digitale Agenda der Europäischen Union nichts, die das Ziel ausgegeben hat, dass im Jahr 2020 jeder Haushalt eine 30 Mbit/s-Verbindung nutzen können soll, jeder zweite sogar eine 100 Mbit/s-Verbindung. Im Hinblick auf den Ausbau des dafür notwendigen Glasfaserkabelnetzes ist die BRD im europäischen Vergleich Schlusslicht. Während in Litauen schon 23 Prozent der Haushalte mit Glasfaserkabeln vernetzt sind (Stichwort: Fibre-to-the-Home FTTH), liegt dieser Wert für Deutschland erst im Promillebereich. Es bleibt zu hoffen, dass die angekündigte 10-Milliarden-Euro-Investition der Telekom in Glasfaserkabelnetze tatsächlich möglichst rasch umgesetzt wird. (5), (6)

## Vernetzung der Dinge: Maschine-zu-Maschine-Kommunikation

Die größten Zukunftschancen sehen alle Experten einhellig in der Vernetzung der Dinge. Schon heute kommunizieren Produktrohlinge mit ihren Bearbeitungsrobotern, melden Fahrzeugcomputer selbsttätig Störungen im Fahrzeug an die zuständige Werkstatt, entscheiden intelligente Stromverteiler, wann die Waschmaschine eingeschaltet wird. Dieses Internet der Dinge, die Vernetzung und die Kommunikation von Geräten und Maschinen untereinander und mit dem Menschen soll als vierte industrielle Revolution einen neuen Quantensprung in der Industrie bewirken. Doch nicht nur dort. Die Vernetzung von virtueller und dinglicher Welt über so genannte Cyber-Physical Systems (CPS) wird auch unser tägliches Leben vereinfachen und sicherer gestalten. Schon heute werden weltweit Umsätze in Höhe von 160 Milliarden Euro in diesem Bereich erzielt. Und ein Wachstum von acht Prozent pro Jahr ist durchaus realistisch. (7)

In Deutschland glaubt man, eine Vorreiterrolle in

dieser Revolution einnehmen zu können. Schließlich sind die bundesdeutschen Auto- und Maschinenbauer schon heute führend bei den dafür notwendigen Embedded Systems. 19 Milliarden Euro wurden damit 2010 in Deutschland umgesetzt, 250 000 hochwertige Arbeitsplätze gibt es in diesem Bereich. CPS und M2M-Kommunikation (Maschine-zu-Maschine) sind zudem in Deutschland Forschungsschwerpunkte mit hoher Priorität. Schließlich sollen bis zum Jahr 2015 weltweit schon 15 Milliarden intelligente Geräte im Einsatz sein, bis 2020 sogar 50 Milliarden. Diese Maschinen sollen großteils über Funkverbindung kommunizieren. Kein Wunder, dass Telekommunikationsunternehmen wie die Telekom und Vodafone diesen Produktbereich bereits als interessanten und lukrativen Wachstumsmarkt strategisch bearbeiten. (7), (8)

## Die deutschen Unternehmen

Obwohl die BRD als Standort für Informations- und Kommunikationstechnik nur als mittelmäßig gilt (Platz 7 im Vergleich der 15 führenden ITK-Nationen), zukunftsfähig sind sie allemal. 99,7 Prozent der 67 000 IT-Unternehmen gehören zum Mittelstand mit Umsätzen von unter 50 Millionen Euro pro Jahr. Doch die Themen, die sie besetzen, weisen den Weg in die Zukunft. RFID, Cloud Computing, Smart Home,

Ambient Assisted Living, Energieeffizienz und Ubiquitous Computing - in all diesen Bereichen arbeiten deutsche Unternehmen als Vorreiter und treiben praxistaugliche Anwendungen voran. Der deutsche Mittelstand gilt mittlerweile als Vorzeigemodell, wie das produzierende Gewerbe auch in einem Hochlohnland erfolgreich wirtschaften kann. (9)

Die deutschen ITK-Unternehmen investiert dieses Jahr sieben Prozent ihres Umsatzes in Forschung und Entwicklung - bei den restlichen Wirtschaftsunternehmen liegt der F+E-Beitrag nur bei drei Prozent. Doch in der Forschung und Entwicklung liegt die Zukunft. Nur wer innovative neue Technologien und Geräte entwickelt, bleibt zukunftsfähig und behauptet seinen Platz im globalen Wettbewerb. (10)

## Trends

## Zukunftsmusik liegt in der Vernetzung

Das Zusammenwachsen von Unterhaltung und Informations- und Kommunikationstechnologie ist in vollem Gange. Längst haben sich Geräte etabliert, die

PC, Fernseher und Radio gleichzeitig sind. Und auch die Nutzung der häuslichen Stromleitung als Netzwerk für mehrere PCs wird immer beliebter. Die Idee des Smart Home geht nun noch einen Schritt weiter. Sind erst alle Elektrogeräte in der Wohnung miteinander vernetzt und an PC und Internet angeschlossen, so können sie sogar mobil über ein Smartphone gesteuert werden. Über Smart-Grid und Smart Metering sind Hausgeräte so steuerbar, dass sie nur dann arbeiten, wenn der Strom gerade im Überfluss vorhanden und dadurch billig ist. Außerdem werden Stromfresser als solche erkennbar, ein insgesamt energieeffizienteres Wohnen wird möglich. (11)

Die Vernetzung von Maschinen und Geräten in Fabriken dürfte künftig mittels Funkübertragung mit Mesh-Netzwerken (vermaschte Netze) erfolgen. Diese Netzwerke arbeiten mit Kommunikationsknoten, die untereinander verbunden sind. Dadurch entsteht eine Redundanz der Übertragungswege, die die Kommunikation überaus zuverlässig macht. Zudem lassen sich die Netzwerke problemlos erweitern. (12)

In den modernen Autos von heute finden sich bereits eine Vielzahl von Mikrocontrollern, die Bremsen, Motorleistung oder Fahrzeugstabilität steuern. Diese Kontroller lassen sich auch für Kommunikationszwecke nutzen. So entwickelten Forscher die Idee, dass man die Fahrzeuge untereinander aber auch mit Verkehrsleitzentralen, Notfalldiensten und Werkstätten kommunizieren lassen kann. Car-to-X-Kommunikation nennt sich dieses innovative Konzept, das irgendwann einmal dazu führen soll, dass Autos selbsttätig Staumeldungen weitergeben, sich selbst bei Störungen in der Werkstatt anmelden und im Fall eines Unfalls Rettungswagen und Polizei benachrichtigen. Eine weitere Verringerung von Verkehrstoten und Verletzten soll damit erreicht werden, eine besserer Verkehrsfluss mit weniger Staus wird angestrebt. (13)

# Fallbeispiele

Obwohl Skype bisher so gut wie nie Gewinne erzielen konnte - 2010 war der Verlust mit sieben Millionen Dollar sogar sehr moderat im Vergleich zu anderen Jahren - hat Microsoft kürzlich 8,5 Milliarden Dollar für den Anbieter von Internet-Telefonaten und Video-Konferenzen hingeblättert. Skype soll nun mit Outlook und damit dem Microsoft-Email-Programm verknüpft und auch die Spielekonsole XBox soll mittels Skype aufgewertet werden. Und auch auf dem Handy-Markt will Microsoft künftig mit Skype punkten. Strategisch macht die Übernahme also Sinn, ob sich irgendwann einmal der hohe Preis bezahlt macht, bleibt aber abzuwarten. (3), (16)

Vodafone ist davon überzeugt, dass mit der Festnetztelefonie künftig keine Gewinne mehr zu machen sein werden. Deshalb investiert Vodafone nunmehr nur noch in den Mobilfunk. Vor allem in der UMTS-Nachfolger-Technologie LTE (Long Term Evolution) sieht das Unternehmen die Zukunft. Übertragungsgeschwindigkeiten von einem Gigabit pro Sekunde sollen irgendwann einmal mit LTE möglich sein. Zudem hat Vodafone im Januar bekannt gegeben, dass man künftig eng mit dem deutschen Stromversorger RWE zusammenarbeiten will. Im Zusammenschluss von Energieversorgungs- mit Kommunikationsnetzen sieht man einen kostengünstigen Lösungsweg, um für kommende Smart-Anwendungen bereit zu sein. (2), (17)

## Zahlen & Fakten

Abbildung 1: Markt für Telekommunikationstechnologie

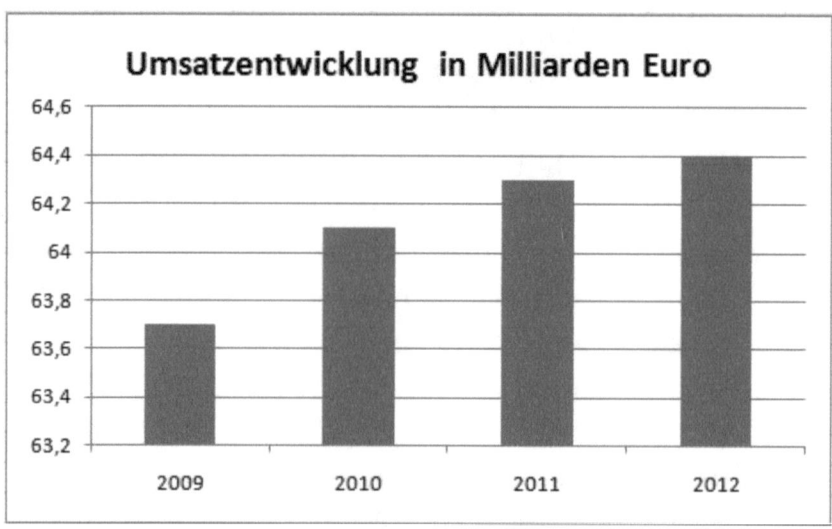

Quelle: Bitkom, Eito entnommen aus:
Computerwoche, 10/2011, S. 6, (19)

Abbildung 2: Der Markt für Telekommunikation

| Produktgruppe | Absatz in Tsd. Stück 2009 | Absatz in Tsd. Stück 2010 | Umsatz in Mio. Euro 2009 | Umsatz in Mio. Euro 2010 |
|---|---|---|---|---|
| Mobiltelefone | 16550 | 14629 | 2195 | 1606 |
| Smartphones | 2947 | 7702 | 1117 | 2710 |
| Schnurlose Telefone | 5604 | 5582 | 307 | 302 |
| Normaltelefone | 622 | 548 | 40 | 40 |
| Telefax + Kombigeräte | 281 | 229 | 29 | 24 |

Quelle: Consumer Electronics Marktindex Deutschland (CEMIX), 03/2011 (18)

# Weiterführende Literatur

(1) Die Telecomindustrie hofft auf eine vernetzte Gesellschaft
aus Finanz und Wirtschaft vom 18.05.2011, Seite 31

(2) Kurs auf Mobilfunk
aus sueddeutsche.de, 16.06.2011

(3) Microsoft zahlt 8,5 Milliarden Dollar für Skype
aus Frankfurter Allgemeine Zeitung, 11.05.2011, Nr. 109, S. 11

(4) International: Hersteller von Handys und Smartphone-Betriebssystemen nach Marktanteilen 2008 bis 2010
aus Handelsblatt, 10.02.2011, S. 20

(5) Netzausstatter fordern mehr Investitionen in Glasfaserausbau
aus VDI NR. 13 VOM 01.04.2011 SEITE 14

(6) Im Schneckentempo zur Datenautobahn
aus "Computerwelt" Nr. 5 / 2011 vom 09.03.2011

(7) Wenn die Dinge sprechen lernen

aus Manager Magazin, 21.01.2011, Nr. 2, Seite 84

(8) Der Datenaustausch zwischen Geräten und Leitzentralen sorgt für Wachstumsimpulse
aus VDI NR. 11 VOM 18.03.2011 SEITE 9

(9) Klein, aber oho! Trends Auf der Cebit werden mittelständische Spezialfirmen oft übersehen. Dabei sind sie es, die Visionen Wirklichkeit werden lassen. Ein Report über Hidden Champions der IT-Branche
aus impulse vom 01.03.2011, Seite 80-84

(10) Tempo machen
aus c't - Magazin für Computertechnik, 01/2011, S. 44

(11) VDE-Studie Heimvernetzung ist auf dem Weg zum Wirtschaftsmotor
aus www.elektronikpraxis.de vom 30.11.2010

(12) Funk bringt mehr Flexibilität in die Automation
aus VDI NR. 48 VOM 03.12.2010 SEITE 16

(13) Fraunhofer ESK Wenn Autos sprechen
aus www.elektrotechnik.de vom 08.02.2011

(14) Feuer frei vom Kampfschiff
aus Süddeutsche Zeitung, 22.06.2011, Ausgabe Bayern, Deutschland, S. 17

(15) Experten fordern eingebaute Datensicherheit bei smarten Technologien
aus VDI NR. 18 VOM 06.05.2011 SEITE 6

(16) Meisterstück oder Milliardengrab?

aus Welt kompakt Nr. 91 vom 11.05.2011 Seite 26

(17) RWE und Vodafone verstärken Zusammenarbeit
aus Welt kompakt Nr. 91 vom 11.05.2011 Seite 26

(18) D: Markt für Consumer Electronics 2009-2010
aus GFU, BVT, GfK (Hrsg.), Consumer Electronics
Marktindex Deutschland (Cemix) 2010, März 2011

(19) D: Markt für Informations- und
Telekommunikationstechnologie 2009-2012
aus Computerwoche, 10/2011, S. 6

# Impressum

## Kommunikationstechnik - Chancen in der Vernetzung, Probleme mit der Sicherheit

**Bibliografische Information der deutschen Nationalbibliothek**

Die Deutsche Nationalbibliothek verzeichnet diese Publikation in der deutschen Nationalbibliografie; detaillierte bibliografische Daten sind im Internet über http://dnb.d-nb.de abrufbar.

ISBN: 978-3-7379-2851-9

© 2015 GBI-Genios Deutsche Wirtschaftsdatenbank GmbH, Freischützstraße 96, 81927 München, www.genios.de

Alle Rechte vorbehalten. Dieses Werk ist einschließlich aller seiner Teile – z.B. Texte, Tabellen und Grafiken - urheberrechtlich geschützt. Jede Verwertung außerhalb der Grenzen des Urheberrechtsgesetzes bedarf der vorherigen Zustimmung des Verlags. Dies gilt insbesondere auch für auszugsweise Nachdrucke, fotomechanische

Vervielfältigungen (Fotokopie/Mikroskopie), Übersetzungen, Auswertungen durch Datenbanken oder ähnliche Einrichtungen und die Einspeicherung und Verarbeitung in elektronischen Systemen.